Sticker-Wissen Natur

Tiere im Garten

Text: Phillip Clarke
Illustrationen: Trevor Boyer, Phil Weare und Denise Finney
Gestaltung: Michael Hill
Fachliche Beratung: Dr. Margaret Rostron

Über dieses Buch

Versuche anhand der Beschreibungen und der Bilder, den jeweiligen
Einträgen die passenden Sticker zuzuordnen. Wenn du Hilfe benötigst,
kannst du im Register am Ende des Buches nachschauen, welcher Sticker
zu welchem Tier passt. Die Größenangaben in den Beschreibungen
sind durchschnittliche Maße. Die folgenden Abbildungen zeigen dir,
wie die verschiedenen Tierarten gemessen werden:

Vögel: Länge vom
Schnabel bis zur
Schwanzspitze

Schnecken: Länge
des Gehäuses

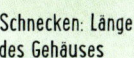

Schmetterlinge, Motten und
Fledermäuse: Flügelspannweite

Spinnen: Körperlänge,
Beine nicht eingeschlossen

Säugetiere und Amphibien:
Länge von Kopf und
Körper, Schwanz nicht
eingeschlossen

Andere Insekten:
Körperlänge, Fühler
nicht eingeschlossen

Andere Krabbeltiere:
Körperlänge

Wenn Männchen und Weibchen unterschiedlich
aussehen, findest du diese Zeichen:

♀ bedeutet, das Bild
zeigt ein Weibchen.

♂ bedeutet, das Bild
zeigt ein Männchen.

Kleine Vögel

Viele der in diesem Buch vorgestellten Vögel leben in Gärten und sind das ganze Jahr über zu sehen. Manche Vögel besuchen uns nur zu bestimmten Jahreszeiten.

Kohlmeise

Blaumeise

Blaumeise

Oft an Futterstellen in Gärten zu sehen. Hellgelbe Brust, blaue Federn auf Flügeln und Scheitel. Weiße Stirn und Wangen, mit schwarzem Augenstreif. 12 cm

WANN: ....

WO: ....

Kohlmeise

Größte Meisenart in Europa. Schwarzer Kopf mit weißen Wangen. Gelbe Brust mit vertikalem schwarzen Band in der Mitte. Flügel und Schwanz sind bläulich dunkelgrau. 14 cm

WANN: ....

WO: ....

Schwanzmeise (Westeuropa und Großbritannien)

Schwanzmeise (Nordeuropa und Osteuropa)

Schwanzmeise

Klein und kugelig. Langer schwarz-weißer Schwanz. Sucht in kleinen Schwärmen auf Baumwipfeln nach Nahrung. Nistet vor allem in Hecken, Büschen oder Bäumen. 14 cm

WANN: ....

WO: ....

Grünfink

Grünfink

Gelbgrün, mit grauer und gelber Musterung auf Flügeln und Schwanz. Die Männchen sind bunter gefärbt als die Weibchen. Knackt mit seinem kräftigen Schnabel harte Samenkörner. 15 cm

WANN: ....

WO: ....

♀

♂

Buchfink

Oft in Gärten zu sehen. Männchen mit rötlicher Brust, rötlichen Kopfseiten und blaugrauem Kopf. Das Weibchen ist olivgrau. Beide weisen zwei weiße Flügelbinden auf. 15 cm

WANN: ....

WO: ....

Buchfink

Erlenzeisig

Im Winter zu sehen. Schwanz und Flügel sind schwarz-gelb gemustert. Das Männchen ist gelblich olivgrün, mit schwarzer Stirn und schwarzem Kinn. Das Weibchen ist graugrün. Nistet in Nadelwäldern. Kommt auf der Suche nach Nüssen auch in Gärten. 12 cm

WANN: ....

WO: ....

Stieglitz

Stieglitz

Klein und braun, mit gelber Binde auf den Flügeln. Der Kopf ist rot, weiß und schwarz. Frisst Samen von Disteln und Karden. 12 cm

WANN: ....

WO: ....

Gimpel

Rundlicher Körper. Großer Kopf mit schwarzer Kappe und schwarzem Kinn. Flügel sind grau und schwarz mit weißer Binde. Die Brust des Männchens ist auffallend rot, die des Weibchens ist braun. 15 cm

WANN: ....

WO: ....

Gimpel

Bergfink

Im Winter zu sehen. Orangefarbene Brust und Schultern. Weißer Bauch und weiße Schwanzwurzel. Männchen mit braunem Kopf im Winter und schwarz glänzendem im Sommer. Sucht in Gruppen nach Samen und Bucheckern. 15 cm

WANN: ....

WO: ....

Bergfink

Erlenzeisig

3

Weitere kleine Vögel

Haussperling

Meist Spatz genannt. Lebt in der Nähe von Menschen und frisst deren Abfälle. Schwarz und braun mit hellerer Bauchseite. Männchen mit grauem Scheitel, schwarzer Kehle und schwarzem Brustlatz. 15 cm

WANN: ....

WO: ....

Feldsperling

Haussperling

♂

♀

Bachstelze

Weitverbreiteter Brutvogel in Mitteleuropa; Unterart *Motacilla alba yarrellii* in Großbritannien zu finden. Schwanz wippt auf und ab. 18 cm

WANN: ....

WO: ....

M. a. *yarrellii*

Bachstelze

Feldsperling

Brauner Oberkopf und Nacken, schwarzer Kehlfleck und weiße Wangen mit schwarzem Fleck. Nistet in Baumhöhlen oder Felsspalten, aber auch in Nistkästen in Gärten. 14 cm

WANN: ....

WO: ....

Kleiber

Hellbraune Brust und gräulich blaue Flügel. Dicker schwarzer Augenstreif. Kurzer Schwanz und langer, spitzer Schnabel. Kann kopfüber Baumstämme hinunterlaufen. 14 cm

WANN: ....

WO: ....

Zaunkönig

Zaunkönig

Kleiner Vogel mit lautem Gesang. Kurzer, rundlicher Körper, wellenförmig gemustertes braunes Gefieder. Kurze Flügel, spitzer Schnabel. 9,5 cm

WANN: ....

WO: ....

Kleiber

Rotkehlchen

Orangerote Stirn, Wangen, Kehle und Brust. Flügel und Rücken sind braun. Singt den ganzen Winter hindurch, in der Nähe von Straßenlaternen auch bei Nacht. 14 cm

WANN: ....

WO: ....

Rotkehlchen

Mönchsgras- mücke

Oft in Bäumen zu sehen. Hüpft von Ast zu Ast und singt dabei. Das Männchen hat eine schwarze Federkappe, das Weibchen eine rotbraune. 14 cm

WANN: ....

WO: ....

Heckenbraunelle

Kopf, Kehle und Brust sind blaugrau. Gestreifter brauner Rücken. Dünner Schnabel und große Füße. Sucht Nahrung am Boden, vor allem unter Hecken und Sträuchern. 14 cm

WANN: ....

WO: ....

Mönchsgras-
mücke

Heckenbraunelle

Bluthänfling

Schlanker Körper. Kurzer Schnabel. Männchen mit grauem Kopf, im Sommer mit roter Brust und Stirn. Nistet in Sträuchern, besonders in Ginster. Ernährt sich von den Samen krautiger Pflanzen. 13 cm

WANN: ....

WO: ....

Grauschnäpper

Graubraunes Gefieder. Brust und Kopf sind gestrichelt. Relativ langer Schnabel. Langer Schwanz und lange Flügel. Sitzt an offenen Stellen, in der Nähe von Bäumen. 14 cm

WANN: ....

WO: ....

Bluthänfling

Grauschnäpper

Mittelgroße Vögel

Singdrossel

Brust und Bauch haben dunkelbraune Sprenkel. Rostrot unter den Flügeln. Oft in der Nähe von Bäumen oder Sträuchern zu finden. Zerschmettert Schneckenhäuser auf einem Stein, um die Schnecken zu fressen. 23 cm

WANN: ....

WO: ....

Amsel

♀

♂

Singdrossel

Amsel

Oft in Parks und Gärten zu sehen. Das Männchen ist schwarz mit hellgelbem Schnabel. Das Weibchen ist dunkelbraun mit weniger auffälligem Schnabel. 25 cm

WANN: ....

WO: ....

junger Star

ausgewachsener Star (Winter)

Star

Schwarzbraunes Gefieder mit metallisch grünem und purpurnem Schimmer. Hell getupftes Gefieder im Winter. Oft in großen Schwärmen zu sehen. 22 cm

WANN: ....

WO: ....

Eichelhäher

Misteldrossel

Weiß unter den Flügeln. Sitzt oft auf Baumspitzen und singt, selbst bei schlechtem Wetter. Zur Nahrung gehören Würmer und Beeren. 27 cm

WANN: ....

WO: ....

Misteldrossel

Eichelhäher

Rosabraun, Flügeldecken sind schwarz-blau gestreift. Schwarzer Bartstreif. Lebt versteckt in Bäumen. Lauter, kreischender Ruf. 32 cm

WANN: ....

WO: ....

Mauersegler

Im Sommer in kleinen Gruppen zu sehen. Schwarzbraun, mit kurzem Hals und kurzem, gegabeltem Schwanz. Lange, spitze Flügel. Schneller, wendiger Flieger. Kann im Flug schlafen. 17 cm

WANN: ....

WO: ....

Mauersegler

Rauchschwalbe

Rauch- schwalbe

Langer, gegabelter Schwanz. Blauschwarzer Rücken mit rostbrauner Stirn und Kehle. Cremefarbene Bauchseite. 19 cm

WANN: ....

WO: ....

Mehlschwalbe

Mehlschwalbe

Kleiner Vogel. Kopf, Oberseite der Flügel und Schwanz sind blauschwarz. Die gesamte Körperunterseite und die Schwanzwurzel sind reinweiß. Kurzer, gegabelter Schwanz. Nistet unter Dachvorsprüngen. 13 cm

WANN: ....

WO: ....

Buntspecht

Grünspecht

Grünspecht

Sucht oft auf dem Boden nach Ameisen. Flügel und Rücken sind grün. Hellere Unterseite. Gelbliche Schwanzwurzel. Hat eine rote Kappe. Ruf klingt wie lautes Lachen. 32 cm

WANN: ....

WO: ....

Buntspecht

Schwarz-weißer Körper. Der Schwanzwurzelbereich ist rot. Männchen mit rotem Fleck am Hinterkopf. Trommelt im Frühjahr mit seinem Schnabel an Stämmen. 23 cm

WANN: ....

WO: ....

Mittelgroße und große Vögel

Felsentaube

Stadttauben

Felsentaube und Stadttaube

Die Felsentaube ist blaugrau, Hals und Nacken schimmern grünlich violett, die Flügel haben zwei dunkle Binden. Die Stadttaube, die von der Felsentaube abstammt, weist viele verschiedene Färbungen auf. 33 cm

Türkentaube

Türkentaube

Ringeltaube

Schwarz-weißer Nackenstreifen. In der Regel allein oder auch in Paaren zu sehen. Ernährt sich hauptsächlich von Körnern. Ruft „gu-guu-gu". 32 cm

WANN: ....

WO: ....

Ringeltaube

Waldkauz

Weitverbreitet in Wäldern. Grau mit rötlich brauner Brust. Hat am Hals auf jeder Seite einen weißen Fleck. 41 cm

WANN: ....

WO: ....

Waldkauz

Gedrungener Körper mit großem, runden Kopf. Große schwarze Augen. Nistet in den Höhlen alter Bäume. Das Männchen ruft „huu-huhuhu-huu", das Weibchen antwortet „ku-witt". 40 cm

WANN: ....

WO: ....

Sperber

Jagt andere Vögel. Rücken und Flügel des Männchens sind blaugrau, mit quer gestreifter Unterseite. Weibchen ist größer und brauner. Männchen 30 cm, Weibchen 38 cm

WANN: ....

WO: ....

♂

Sperber

Rabenkrähe und Nebelkrähe

Kopf, obere Brust, Schwanz und Flügel der Nebelkrähe sind schwarz, das restliche Gefieder ist hellgrau. Die Rabenkrähe ist vollkommen schwarz. Beide gehören zu den Aaskrähen und haben einen langen Schnabel. 47 cm

WANN: ....

WO: ....

Rabenkrähe

Nebelkrähe

Graureiher

An Flüssen und Seen zu finden. Grau und weiß, mit langem Hals und langen Beinen. Schwarze Schopffedern am Hinterkopf. Frisst Fische und andere Tiere. 92 cm

WANN: ....

WO: ....

Graureiher

Weißstorch

Dohle

Kopf ist hinten und an den Seiten grau. Helle Augen. Lebt in der Nähe von alten Bäumen, Gebäuden und Felsenklippen. Frisst oft in Schwärmen. 35 cm

WANN: ....

WO: ....

Dohle

Elster

Weitverbreitet in ländlichen Gebieten und auch in Städten zu sehen. Schwarz-weißes Gefieder. Langer Schwanz. Frisst im Frühling die Eier anderer Vögel. 46 cm

WANN: ....

WO: ....

Elster

Weißstorch

Großer weißer Vogel mit schwarzen Schwungfedern. Langer roter Schnabel und dünne rote Beine. Baut oft große Nester auf Dächern oder Strommasten. 105 cm

WANN: ....

WO: ....

Krabbeltiere

Insekten haben sechs Beine. Einige Krabbeltiere wie beispielsweise der Schwarze Schnurfüßer haben jedoch viel mehr Beine. Andere Tiere wie zum Beispiel Schnecken rutschen auf einem einzigen „Fuß" vorwärts.

Genetzte Ackerschnecke

Hellbraun mit dunkler netzartiger Musterung. Hinterlässt eine weiße Schleimspur. Frisst vor allem Früchte, Blätter und Wurzeln. 40 mm

WANN: ....

WO: ....

Genetzte Ackerschnecke

Weinbergschnecke

Weitverbreitet. Beigegrauer Körper. Großes gelbbraunes Gehäuse mit dunklen Streifen. Verkriecht sich tagsüber unter Steinen. Kommt abends heraus, um Pflanzen zu fressen. 40 mm

WANN: ....

WO: ....

Weinberg-schnecke

Kleine Wegschnecke

Gelblich grau oder olivbraun, manchmal mit dunkle Seitenbändern. Fußsaum kann orange gefärbt sein Hinterlässt eine hellgelbe Schleimspur. Verkriecht sich tagsüber an dunklen, feuchten Orten. Kommt abends oder nach Regen heraus. 25-30 mm

WANN: ....

WO: ....

Gartenkreuzspinne

Gelblich braun. Helle Flecken in Kreuzform auf dem Rücken. Spinnt ein klebriges Netz, um fliegende Insekten zu fangen. Sitzt oft kopfüber in der Mitte des Netzes. 7-18 mm

WANN: ....

WO: ....

Gartenkreuzspinne

Regenwurm

Nach Regen an der Erdoberfläche zu finden. Kopfende spitz und rotbraun. Hinteres Ende heller gefärbt. Sattelförmiger Gürtel im vorderen Körperdrittel. Frisst abgestorbene Pflanzenteile. 10-30 mm

WANN: ....

WO: ....

Regenwurm

Gürtel

Schwarzer Schnurfüßer

Schlauchförmiger Körper. Rund 100 Beine. Ernährt sich von morschem Holz und Wurzeln. Ringelt sich bei Gefahr ein. 20-30 mm

WANN: ....

WO: ....

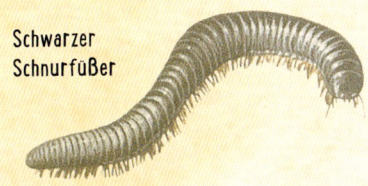

Schwarzer Schnurfüßer

Mauerassel

Lebt an feuchten Orten. Ernährt sich von toten Pflanzenteilen und morschem Holz. Sie hat einen flachen, glänzenden, braunschwarzen Körper mit hellem Rand. Im Gegensatz zu anderen Arten kann sie sich bei Gefahr nicht zu einem Ball zusammenrollen. 15-18 mm

WANN: ....

WO: ....

Mauerassel

Gemeiner Ohrwurm

Auch „Ohrenkneifer" genannt. Braun. Winzige Flügel. Er gilt als schlechter Flieger. Langes Hinterteil mit Zangen, die er bei Bedrohung aufrichtet. 14 mm

WANN: ....

WO: ....

Gemeiner Steinläufer

Gemeiner Steinläufer

Langer, segmentierter, glänzender Körper mit kastanienbrauner Färbung. 30 Beine. Lebt an dunklen, feuchten Orten. Vergiftet Insekten und Schnecken mit Giftklauen am Kopf. 20-30 mm

WANN: ....

WO: ....

Heimchen

Heimchen

Leicht schriller Gesang. Im Winter in beheizten Gebäuden, Kellern und Gewächshäusern zu finden, im Sommer auch auf Müllhalden. 18 mm

WANN: ....

WO: ....

Gemeiner Ohrwurm

11

Schmetterlinge

Schmetterlinge legen ihre Eier auf Pflanzen ab. Aus den Eiern schlüpfen kleine Raupen. Diese fressen die Pflanzen, bis sie genug Nahrung aufgenommen haben, um sich in Schmetterlinge zu verwandeln.

Hauhechel-Bläuling

Faulbaum-Bläuling

Faulbaum-Bläuling

Im Frühling auf Stechpalmen zu finden, wo er seine Eier ablegt. Der einzige blaue Schmetterling mit weißblauer Flügelunterseite. 25–27 mm

WANN: ....

WO: ....

Hauhechel-Bläuling

Weitverbreitet. Kommt in blumenreichem Grasland vor. Das Männchen ist blau; das Weibchen ist braun (oder bläulich braun) mit orangefarbenen Flecken an den Flügelrändern. 28–36 mm

WANN: ....

WO: ....

Großes Ochsenauge

Weitverbreitet. Flattert über Wiesen und Grasflächen, selbst wenn es regnet. Schwarzer, weiß gekernter Augenfleck auf jedem Vorderflügel. 50–55 mm

WANN: ....

WO: ....

Kleiner Fuchs

Kleiner Fuchs

In blumenreichen Gebieten zu finden. Halbmondförmige blaue Zeichnungen am Rand seiner auffällig gemusterten Flügel. 48–52 mm

WANN: ....

WO: ....

Großes Ochsenauge

14

15

17
Erdraupe

16

18

19

21

20

22

24
Froschlaich

23

25
♀
♂

26

27 Kiemen

Larve

Eier an Wasserpflanzen

Krötenlaich

28

29

30

31

32

♂ ♀ ♂ ♀

33

34

35

36

37 ♂ ♀

38

39

40

41

42

43

44 ♂

♂

♀

45

46

47

48

49

50

51

52

53

54 ♂

55 ♀ ♂

56 57 58 59 60 61 62 63 64 65 66 67 68 69 70 71

72

73

Larve

74

75

76

77
♀
♂

78

79
Drahtwurm

80

81
♂
♀
♀ ♂

82

83

84

85

86

88

89

87

91

92

90

93

94

95

96

97

98

99

100

101

104

103

102

107

106 Gürtel

105

109

110

108

112

113

111

Tagpfauenauge

Auf Blüten in Gärten und auf Obstwiesen zu sehen. Hat auffällige Augenflecken auf den Flügeln, die denen der Pfauenfedern ähneln. 62–68 mm

WANN: ....

WO: ....

Tagpfauenauge

Aurorafalter

♀   ♂

Aurorafalter

Vorderflügel des Männchens mit orange gefärbten Enden. In Hecken, Wäldern und auf Blumenwiesen zu finden. 42–48 mm

WANN: ....

WO: ....

Kleiner Kohlweißling

Oft in der Nähe von Kohlpflanzen zu beobachten, auf denen er seine Eier ablegt. Schwarze Spitzen an den Vorderflügeln. Das Weibchen hat zwei schwarze Flecken auf jedem Vorderflügel, das Männchen nur einen. 48–50 mm

WANN: ....

WO: ....

Admiral

Kleiner
Kohlweißling

♂

♀

♀

♂

Admiral

In Gärten weitverbreitet. Schwarz mit roter Binde und weißen Flecken auf den Vorderflügeln. Fliegt im Gegensatz zu anderen Schmetterlingen manchmal auch nachts. 66–68 mm

WANN: ....

WO: ....

Distelfalter

Schwarz-orange gefärbter Gartenschmetterling, der seine Eier auf Disteln ablegt. Weiße Flecken auf den Vorderflügeln. 62–65 mm

WANN: ....

WO: ....

Distelfalter

Nachtfalter und Eulenfalter

Viele Nachtfalter und Eulenfalter fliegen bei Nacht oder in der Dämmerung und werden von Lichtquellen angezogen. Einige dieser Falter fliegen jedoch auch bei Tag.

Hausmutter

Weitverbreitet. Dringt in der Nacht oft in Häuser ein. Gelborange Hinterflügel mit schwarzer Binde. Raupen (Erdraupen) fressen Gras und andere kleine Pflanzen. 45-60 mm

WANN: ....

WO: ....

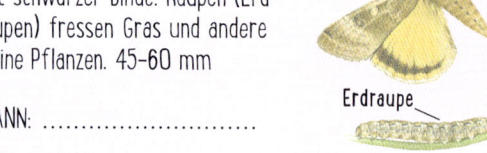

Erdraupe

Hausmutter

Brauner Bär

Orangerote Hinterflügel mit blauschwarzen Punkten. Vorderflügel braun und weiß gemustert. Langhaarige Raupen. 60 mm

WANN: ....

WO: ....

Gammaeule

Gammaeule

Braune Flügel. Weiße Zeichnung auf den Vorderflügeln ähnelt dem griechischen Buchstaben Gamma. Im Frühling und Sommer zu sehen. Fliegt oft am Tag. 40 mm

WANN: ....

WO: ....

Jakobskrautbär

Taubenschwänzchen

Zweigeteiltes Haarbüschel am Hinterleibsende, das wie ein Taubenschwanz aussieht. Graubraune Vorderflügel und orangebraune Hinterflügel. Fliegt am Tag. 45 mm

WANN: ....

WO: ....

Taubenschwänzchen

Jakobskrautbär

Ist nachtaktiv, fliegt kurze Strecken aber auch am Tag. Rote Hinterflügel. Gelb-schwarze Raupen fressen Jakobs-Greiskraut. 36-40 mm

WANN: ....

WO: ....

Bienen, Wespen und Ameisen

Dunkle Erdhummel

Alle Insekten auf dieser Seite leben in großen Gruppen, die Staaten genannt werden. Ein großes weibliches Tier, die Königin, ist ihre Anführerin.

Dunkle Erdhummel

Großer, pelziger, schwarzer Körper mit zwei gelben Binden und weißem Hinterleibsende. Königin baut ihr Nest in einem Erdloch. 13–22 mm

WANN: ....

WO: ....

Gemeine Wespe

Gemeine Wespe

Lebt in einem papierähnlichen, oft unterirdischen Nest. Ist schlanker als eine Biene und sticht beim Angriff sowie zur Verteidigung. 13–20 mm

WANN: ....

WO: ....

Westliche Honigbiene

Goldbrauner Körper mit hellen filzartigen Haarbinden. Staaten produzieren Honig im Bienenstock. 12–17 mm

WANN: ....

WO: ....

Hornisse

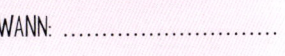

Hornisse

Größte Faltenwespe in Europa. Braun-gelbe Färbung am Hinterteil. 22–30 mm

WANN: ....

WO: ....

Jede Honigbiene hat ihre Aufgabe:

Die Königin legt die Eier.

Schwarze Wegameise

Schwarze Wegameisen

Männchen hat Flügel und stirbt nach der Begattung, die im Flug stattfindet. Königin ist das einzige Weibchen mit Flügeln, die sie nach der Begattung aber verliert. 4–9 mm

Männchen mit Flügeln

Arbeiterin ohne Flügel

Die Männchen (Drohnen) paaren sich mit der Königin.

Alle anderen Weibchen sind Arbeiterinnen.

WANN: ....

WO: ....

Zweiflügler und Netzflügler

Gemeine Stechmücke

Zweiflügler haben nur zwei Flügel, während viele andere fliegende Insekten vier Flügel haben.

Schnake

Schnake

Großer Zweiflügler, der in Wassernähe zu sehen ist. Langer, dünner Körper. Lange Beine. Larven fressen Wurzelpflanzen und Graswurzeln. 30-40 mm

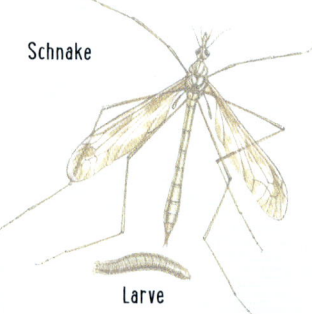

Larve

WANN: ....

WO: ....

Gemeine Stechmücke

Weitverbreitet. Dunkelbraune Hinterleibssegmente, die weiß gestreift sind. Lange, dünne Beine. Weibchen saugt Blut von Menschen und Tieren. 5-7 mm

WANN: ....

WO: ....

Blaue Schmeißfliege

Blaue Schmeißfliege

Blaue, haarige Fliege. Brummt laut, wenn sie nach verdorbenem Fleisch sucht, um ihre Eier darauf abzulegen. Männchen leckt Nektar aus Blüten. 9-15 mm

WANN: ....

WO: ....

Grüne Florfliege

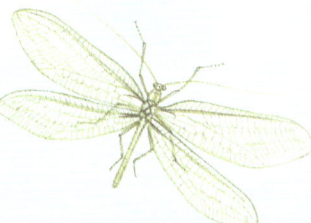

Schwebfliege

Sieht aus wie eine Wespe, kann jedoch nicht stechen. Viele verschiedene Arten. Diese Art ist braun, mit drei hellen Streifen an den Körperseiten. 10-14 mm

WANN: ....

WO: ....

Schwebfliege

Grüne Florfliege

Vier Flügel mit netzartigen grünen Flügeladern. Verfärbt sich vor der Überwinterung braun. Hauptsächlic in Gärten und Hecken zu sehen. 15 mm

WANN: ....

WO: ....

Schnabelkerfe

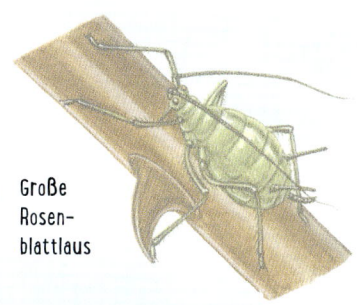

Schnabelkerfe sind Insekten mit stechend-saugenden Mundwerkzeugen, mit denen sie die Säfte von Pflanzen und manchmal auch von Tieren aussaugen.

Große Rosen-blattlaus

Schwarze Bohnenlaus

Diese kleinen schwarzen Läuse findet man oft in Massen auf Ackerbohnen und Zuckerrüben. 2-3 mm

WANN: ....

WO: ....

Schwarze Bohnenlaus

Große Rosenblattlaus

Grün oder rosa. Spindelförmiger Körper. Frisst im Frühjahr junge Rosentriebe. Scheidet süßen, klebrigen Sirup aus, der Honigtau heißt und von Ameisen gefressen wird. 2-3 mm

WANN: ....

WO: ....

Grüne Stinkwanze

Grüne Stinkwanze

Auf Laubbäumen wie Linde und Erle zu sehen. Breiter grüner Körper mit hellbraunem Hinterleibsende. Sondert bei Gefahr eine stinkende Flüssigkeit ab. 12-14 mm

WANN: ....

WO: ....

Gemeine Blutzikade

Wiesenschaumzikade

Kann 70 cm hoch in die Luft springen. Jungtiere (Nymphen) leben auf Pflanzen-stängeln und produzieren einen Schaum, den „Kuckucksspeichel". Er bietet Schutz und erhält die zur Weiterentwicklung nötige Feuchtigkeit und Temperatur. 6 mm

WANN: ....

WO: ....

Gemeine Blutzikade

Springt und produziert „Kuckucks-speichel". Schwarz-rot gezeichnet. Mit der Warnfärbung täuscht sie Giftigkeit nur vor. 9-10 mm

WANN: ....

WO: ....

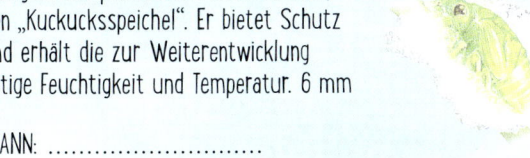

Wiesenschaumzikade

Käfer

Die Käfer sind an Land die artenreichste Ordnung von Tieren. Hier sind nur einige wenige Arten aufgeführt, die du in deinem Garten finden kannst.

Siebenpunkt-
Marienkäfer

Zweipunkt-Marienkäfer

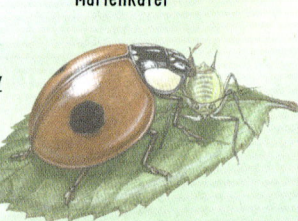

Zweipunkt-
Marienkäfer

Meist rot mit zwei schwarzen Punkten, manchmal auch schwarz mit vier roten Punkten. Punkte können unterschiedlich geformt sein. Frisst Blattläuse. 4-6 mm

WANN: ....

WO: ....

Siebenpunkt-Marienkäfer

Oft an sonnigen Tagen zu sehen. Rote Farbe warnt andere Tiere, dass er nicht gut schmeckt. Sondert bei Bedrohung eine übel riechende gelbe Flüssigkeit ab. Verbringt den Winter auch in Gebäuden. 6-8 mm

WANN: ....

WO: ....

Goldglänzender Rosenkäfer

Goldglänzender Rosenkäfer

Nahezu viereckige Deckflügel, aber rundes Körpervorderteil. In ganz Europa verbreitet. 14-20 mm

WANN: ....

WO: ....

Wespen-
bock

Feldmaikäfer

Schwarzer Kopf. Braune Deckflügel, darunter behaart. Fliegt im Frühling oft in erleuchtete Fenster. 25-30 mm

WANN: ....

WO: ....

Feldmaikäfer

Wespenbock

Sieht aus wie eine Wespe. Braunschwarzer Körper mit gelben Bändern. Im Sommer in der Nähe von Blüten zu finden. 10-11 mm

WANN: ....

WO: ....

Goldleiste

Ist dämmerungs- und nachtaktiv, tagsüber unter Ästen und Steinen zu finden. Schwarzer Körper mit violettem Schimmer. Jagt am Waldboden und frisst Würmer sowie andere Insekten. 30–35 mm

WANN: ....

WO: ....

Goldleiste

Großer Leuchtkäfer

Weibchen mit langem rotbraunen Körper ohne Flügel oder Deckflügel. Schwanz leuchtet, um Männchen anzulocken. Weibchen: 17–18 mm, Männchen: 11 mm

WANN: ....

WO: ....

Hirschkäfer

Größter Käfer in Europa. Männchen mit rotbraunen Deckflügeln, schwarzem Kopf und schwarzen Beinen. Lange, geweihähnliche Oberkiefer. 25–75 mm

WANN: ....

WO: ....

Großer Leuchtkäfer

Hirschkäfer

Schwarzer Moderkäfer

In Gärten zu sehen. Bespritzt seine Feinde mit übel riechender Flüssigkeit aus seinem Schwanz. 25–30 mm

WANN: ....

WO: ....

Schnellkäfer

Sehr viele Arten. Dieser Käfer hat einen schlanken grünen Körper und verzweigte Fühler. Larven heißen Drahtwürmer. Falls er auf den Boden fällt, katapultiert er sich mit einem Klicken in die Luft. 14–18 mm

WANN: ....

WO: ....

Schwarzer Moderkäfer

Drahtwurm

Schnellkäfer

Im Teich

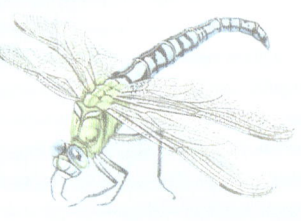

Gartenteiche locken viele Lebewesen an. Es gibt Insekten, die auf dem Wasser laufen können, und Schlangen, die sich im Wasser verstecken.

Wasserläufer

Läuft mit dem mittleren Beinpaar. Hinterbeine dienen zum Steuern, Vorderbeine zum Greifen der Beute. 10-15 mm

WANN: ....

WO: ....

Wasserläufer

Große Königslibelle

Im Sommer an Gartenteichen zu sehen. Eine der größten Libellen in Mitteleuropa. Jagt Mücken, Schmetterlinge und andere fliegende Insekten. 80-85 mm

WANN: ....

WO: ....

Spitzschlammschnecke

Wasserspinne

Wasserspinne

Lebt in einem mit Luft gefüllten Netz unter Wasser. Außerhalb des Wassers sammelt sich Luft an den winzigen Haaren am Körper, der dadurch im Wasser silbern schimmert. Frisst Insektenlarven, Kaulquappen und kleine Fische. 10-15 mm

WANN: ....

WO: ....

Gemeiner Rückenschwimmer

Gemeiner
Rückenschwimmer

Schwimmt auf dem Rücken und rudert mit den Beinen. Wartet an der Wasseroberfläche auf Beute. Frisst Kaulquappen, Insekten und kleine Fische. 15-16 mm

WANN: ....

WO: ....

Spitzschlamm- schnecke

Größte Schlammschnecke in Mitteleuropa. Langes, spiralförmiges Gehäuse. Frisst tote Fische, Laich und Algen. Gleitet mit der Unterseite nach oben an der Wasseroberfläche entlang, um zu atmen. 50 mm

WANN: ....

WO: ....

Erdkröte

Warzige Haut. Geht nur zur Fortpflanzung ins Wasser. Kommt erst abends aus ihrem Versteck. Jagt Schnecken, Würmer und Insekten. Männchen 9 cm, Weibchen 14 cm

WANN: ....

WO: ....

Erdkröte

Krötenlaich

Grasfrosch

Froschlaich

Teichmolch

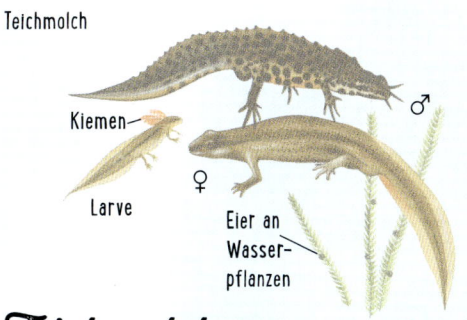

Kiemen

Larve

♀

♂

Eier an Wasser-pflanzen

Teichmolch

Männchen verbringen den Frühling im Wasser, um Weibchen anzulocken. Vor der Brutzeit bekommen sie einen hohen gezackten oder gewellten Hautkamm auf Rücken und Schwanz. Weibchen gehen zum Paaren und Eierlegen ins Wasser. 11 cm

WANN: ....

WO: ....

Grasfrosch

Glatte Haut. Frisst Schnecken und Insekten. Lebt überwiegend an Land, geht jedoch zum Paaren und Eierlegen ins Wasser. Manche Männchen überdauern den Winter in Winterstarre am Teichgrund. 10 cm

WANN: ....

WO: ....

Laich und Kaulquappen

Frösche und Kröten legen Eier, die Laich genannt werden. Die Kaulquappen, die aus dem Laich schlüpfen, durchlaufen in ihrem Wachstum verschiedene Entwicklungen.

WANN: ....

WO: ....

langer Schwanz

Die Hinter-beine bilden sich.

Die Vorderbeine wachsen.

Die Hinterbeine wachsen.

Die Lungen bilden sich, das Tier geht an Land.

Der Schwanz bildet sich zurück.

Ringelnatter

Nicht giftig. Kann gut schwimmen und lange Zeit unter Wasser bleiben. Jagt Frösche und Kröten, die sie lebend verschlingt. 100 cm

WANN: ....

WO: ....

Ringelnatter

Säugetiere

Viele Säugetiere besuchen am frühen Morgen, am Abend oder in der Nacht unsere Gärten. Um sie zu beobachten, musst du Geduld haben und ganz still sein.

Igel

Igel

Spitze Stacheln. Abends und nachts zu sehen. Jagt Würmer und Schnecken. Rollt sich bei Bedrohung zu einer Kugel zusammen. Geräuschvolles Tier, das schnauft, schnarcht und quietscht. 25 cm

WANN: ....

WO: ....

Grauhörnchen

Akrobatischer Baumbewohner, ursprünglich aus Nordamerika. Breitet sich in Europa immer weiter aus und verdrängt dabei teilweise das rote Eichhörnchen. 27 cm

WANN: ....

WO: ....

Hausmaus

Hausmaus

Lebt in der Nähe von Menschen. Frisst Abfälle, Insekten, Getreide und Früchte. Der Schwanz ist so lang wie der Körper. Baut ihr Nest in Gebäuden. Wirft vier bis acht nackte Jungtiere, die in einem Monat ausgewachsen sind. 9 cm

WANN: ....

WO: ....

Wanderratte

Igel

Wanderratte

Frisst beinahe alles, sogar Seife. Lebt im Winter in großen Gruppen in Gebäuden; im Sommer in Abwasserrohren, Kanälen und an Flussufern. 26 cm

WANN: ....

WO: ....

Wildkaninchen

Wildkaninchen

Auf grasbewachsenem Brachland zu finden. Lebt in Gruppen in einem großen Netzwerk aus unterirdischen Bauen. Es ist graubraun mit hellem Bauch und weißer Schwanzunterseite. 40 cm

WANN: ....

WO: ....

Grauhörnchen

Waldspitzmaus

Schnell und unruhig. Lebt im dichten Gras oder Gebüsch. Frisst Würmer und Insekten. Spitze, bewegliche Nase. Kleine Augen. Baut ihr Nest manchmal in Müllhaufen. 7 cm

WANN: ....

WO: ....

Waldspitzmaus

Maulwurf

Maulwurf

Samtartiger, meist schwarzgrauer oder schwarzbrauner Körper. Lebt unter der Erde. Gräbt Tunnel mit seinen kräftigen Grabhänden. Wirft die ausgehobene Erde zu Maulwurfs-hügeln auf. Frisst Würmer. 13 cm

WANN: ....

WO: ....

Zwergfledermaus

In der Dämmerung zu sehen. Jagt im schnellen Zickzack-Flug fliegende Insekten. Schläft tagsüber in hohlen Bäumen oder dunklen Gebäuden. 20-25 cm

WANN: ....

WO: ....

Zwergfledermaus

Europäischer Dachs

Rotfuchs

Flinker Läufer. Rostrot, mit weißer Unterseite. Buschiger Schwanz. In Städten und Gärten zu sehen. Hauptsächlich abends und nachts unterwegs. Sucht in Mülleimern nach Nahrung. Männchen heißt Rüde; Weibchen heißt Fähe. 67 cm

WANN: ....

WO: ....

Rotfuchs

Europäischer Dachs

Lebt tagsüber unter der Erde. Gräbt sich im Waldboden einen Bau. Sucht nachts nach vielfältiger Nahrung. Frisst Würmer, Insekten, Larven, Getreide und Beeren. Plündert manchmal Mülleimer. 75 cm

WANN: ....

WO: ....

Register

Mithilfe dieser Liste findest du alle Tiere in diesem Buch. Die erste Zahl hinter dem Namen gibt die Seite an, auf der das Tier beschrieben ist. Die Zahlen in den Klammern geben die Nummern der Sticker auf den Stickerseiten an.

Kleines Tierwelt-Glossar

Amphibien	Tierklasse; weichhäutige Tiere, die an Land und im Wasser leben können; legen weiche Eier; Körpertemperatur hängt von der Temperatur der Umgebung ab
Familie	Gruppe ähnlicher, eng verwandter Tiere, wie z.B. die Familie der Finken, zu der Buchfink und Erlenzeisig gehören
Kieme	Körperteil einiger Wassertiere, mit dem sie unter Wasser atmen können
Winterstarre	regloser Zustand wechselwarmer Tiere während des Winters
Insekten	Tierklasse; Tiere mit sechs Beinen und einem Körper, der in drei Teile unterteilt ist; meist mit Flügeln
Larve	Stadium im frühen Leben mancher Insekten und Amphibien, in dem sie ganz anders aussehen als ihre Eltern
Säugetiere	Tierklasse; meist behaarte Tiere; füttern ihre Jungen mit Milch; haben eine gleichbleibende Körpertemperatur
nachtaktiv	überwiegend nachts aktiv

Zusätzliche Gestaltung: Nayera Everall • Digitale Bearbeitung: Keith Furnival • Umschlaggestaltung: Romy Schulz

Weitere Illustratoren: Joyce Bee, John Barber, Hilary Burn, Tim Hayward, Ian Jackson, Aziz Khan, Rachel Lockwood, Alan Male, Andy Martin, Annabel Milne, Dee Morgan, David Palmer, Julie Piper, Chris Shields, Peter Stebbing, Josephine Martin, David Wright

Übersetzung aus dem Englischen: Jutta Vogt • Redaktion der deutschen Ausgabe: Silke Jäckle